BEI GRIN MACHT SICH IHR WISSEN BEZAHLT

- Wir veröffentlichen Ihre Hausarbeit, Bachelor- und Masterarbeit

- Ihr eigenes eBook und Buch - weltweit in allen wichtigen Shops

- Verdienen Sie an jedem Verkauf

Jetzt bei www.GRIN.com hochladen und kostenlos publizieren

Bibliografische Information der Deutschen Nationalbibliothek:

Die Deutsche Bibliothek verzeichnet diese Publikation in der Deutschen National-bibliografie; detaillierte bibliografische Daten sind im Internet über http://dnb.d-nb.de/ abrufbar.

Impressum:

Copyright © 2017 GRIN Verlag
Druck und Bindung: Books on Demand GmbH, Norderstedt Germany
ISBN: 9783668684003

Dieses Buch bei GRIN:

https://www.grin.com/document/419740

Xenia Hiplein

Portfolio. Einführung in die Politikwissenschaft. Demokratie in Theorie und Empirie

GRIN Verlag

GRIN - Your knowledge has value

Der GRIN Verlag publiziert seit 1998 wissenschaftliche Arbeiten von Studenten, Hochschullehrern und anderen Akademikern als eBook und gedrucktes Buch. Die Verlagswebsite www.grin.com ist die ideale Plattform zur Veröffentlichung von Hausarbeiten, Abschlussarbeiten, wissenschaftlichen Aufsätzen, Dissertationen und Fachbüchern.

Besuchen Sie uns im Internet:

http://www.grin.com/

http://www.facebook.com/grincom

http://www.twitter.com/grin_com

Georg-August-Universität Göttingen

PORTFOLIO

Institut für Politikwissenschaft

Mittwoch, 1. März 2017

Modul: Einführung in die Politikwissenschaft

Seminar: Demokratie in Theorie und Empirie

1. Fachsemester

Erstellt von: Hiplein Xenia

Abschluss : 2-Fach-Bachelor – Rechtswissenschaft/Politikwissenschaft

Inhaltsverzeichnis

I.

Vorlesungszusammenfassung

Grundbegriffe II: Staat

In der Vorlesung „Einführung in die Politikwissenschaft" behandelt Dr. Tobias Jakobi am Freitag den 11.11.2016 den Grundbegriff II, welcher den Staat repräsentiert. An erster Stelle befassen wir uns mit dem Staatsbegriff. Der deutsche Staatsrechtler Georg Jellinek, unterteilt in seinem Buch „Allgemeine Staatslehre" den juristisch-völkerrechtlichen Staatsbegriff, anhand der „Drei-Elementen-Lehre". Diese gestaltet sich bis heute als maßgebliche Definition des Staates. Jellinek umschreibt den Staat als eine *„mit ursprünglicher Herrschaftsmacht ausgerüstete Körperschaft eines sesshaften Volkes"*.[1] Der Staat bildet somit eine Totalität aus drei Aspekten. Das Staatsgebiet bildet das Territorium, welches sich auf einem Teil der Erdoberfläche erschließt, auf der sich die Staatsgewalt behauptet und eine Abgrenzung zu anderen Staaten entsteht.[2] Das Staatsvolk definiert sich als ein dauerhafter Personenverband, welcher auf dem Staatsgebiet sesshaft ist und unter der Personalhoheit der Staatsgewalt steht.[3] Das Dritte Element umfasst die Staatsgewalt. Die innere Souveränität bildet das Gewaltmonopol innerhalb des Staates, wobei die äußere Souveränität durch eine rechtliche Unabhängigkeit nach außen profiliert wird.[4] Alle drei Elemente müssen vorliegen, damit ein Staat bestehen kann.[5] Jellinkes Ansicht erfährt vielfach Kritik. Der zweite und dritte Aspekt der Vorlesung erstreckt sich jeweils auf eine Übersicht von Arthur Benz. Die „Entwicklung des Staates in Europa" zeig auf, dass der Staat seit Jahrhunderten einem Wandel unterliegt. Die Machtkonzentration erstreckt sich auf der ersten Stufe und umfasst die Zeit vom Feudalismus bis zum Staat im Absolutismus. In dieser Zeit hat sich die Konzentration der Staatsgewalt in einem Gebiet entfaltet, die Friedenssicherung wird vordergründig. Krisen, Konflikte, Veränderungen in der Bevölkerung, sowie die technische Revolution und der dreißigjährige Krieg sind Aspekte, durch die eine Neuorganisierung der Herrschaftsform unvermeidbar ist. Das Feudalsystem wird durch den Absolutismus und dessen neu gegliederten Institutionen abgelöst. Es kristallisiert sich eine überhebliche merkantilistische Wirtschaftspolitik heraus.[6] Die zweite Stufe bildet die soziale Integration, welche während der Zeit des liberalen Verfassungsstaats und des Nationalstaates erstmals Beständigkeit erfährt Es werden neue Institutionen zur Beschränkung der Staatsgewalt etabliert. Parlamente als Gesetzgebungsorgane, Gewaltenteilung, Grundrechte, sowie eine einheitliche Verfassung entstehen, an die die Staatsgewalt gebunden ist. Die Frage der politischen Teilhabe am Geschehen des einzelnen Individuums, sowie Integration und Gleichheit für alle, steht an erster Stelle im Nationalstaat. Er bindet die Mitbürger immer weiter ins politische Geschehen mit ein. Es entstehen Neue Institutionen wie die

---

[1] Jellinek, Allgemeine Staatslehre, S. 183.
[2] Jellinek, Allgemeine Staatslehre, S. 239.
[3] Jellinek, Allgemeine Staatslehre, S. 406.
[4] Jellinek, Allgemeine Staatslehre, S. 40 ff.
[5] Jellinek, Allgemeine Staatslehre, S. 426.
[6] Benz, Der moderne Staat, S. 20.

Wehrpflicht und die allgemeine Schulpflicht. Die letzte Entwicklungsstufe bildet die institutionelle Differenzierung, in Form des demokratischen Wohlfahrtsstaates. Den Bürgern widerfährt eine weitaus größere Teilhabe an dem staatlichen Geschehen, eine Gewährleistung sozialer Rechte setzt ein. Institutionen in Form von politischen Parteien und Verbänden, bemühen sich um das Wohlergehen und um die Vertretung der einzelnen Bürger. Neue Rechte, wie das allgemeine Wahlrecht, Sozialversicherungen und Transferleistungen werden gewährleistet. Grundsätzlich basiert die Entwicklung des Staates auf der Verstaatlichung privater Aufgaben, so dass der Staat immer mehr Aufgabenbereiche auferlegt bekommt. Zuletzt umfasst die Übersicht 28 „Herausforderungen an den modernen Staat im 21. Jahrhundert". Die Idee des modernen Staates ist weltweit verbreitet und hat sich durch die Entkolonalisierungsbewegung behauptet. Über Jahrhunderte hinweg visualisiert sich das Paradebeispiel der europäischen Union. Heutzutage umfasst die EU 28 Mitgliedsländer, wobei es 1995 lediglich 15 waren. Es entstehen neue politische, ökonomische und gesellschaftliche Strukturen, in denen staatliche und private Akteure miteinander kooperieren müssen, um die Handlungsfähigkeit des modernen Staates zu gewährleisten. Das moderne Gebilde des Staates erfährt durch die Internationalsierung und Globalisierung als lenkende Faktoren einen Wandel, so Benz.[7] Diese Entwicklung geht aus einer Zeitspanne, die vom Territorialstaat bis zu einer einheitlichen Demokratie reicht, hervor. Vielerlei Staatsformen sind an den wachsenden Herausforderungen gescheitert, sei es die Wesensart des Territorialstaates, des liberalen Verfassungsstaates, des Nationalstaates oder auch des Leistungsstaates. Diese Staatsformen haben ihre Kompetenzgrenzen überschritten, sich in Staatsbürgernationen verrannt, absolutistische Regierungskonzepte entwickelt und letzendlich keine nachhaltige Verwaltung etabliert. Das Konzept des modernen demokratischen Verfassungsstaates vermag im Gegenzug zu langlebigen Herrschaftsformen noch nicht allzu lange Zeit etabliert sein, jedoch reicht der Kompetenzbereich unsere modernen Gesellschaft auf nationaler und internationaler Ebene aus, um den Herausforderungen stand zu halten.[8] Die politische Entwicklung Deutschlands, vermag alles andere als geradlinig verlaufen sein, allerdings zeigt Benz auf, dass sie Veränderung der Staatlichkeit seinen Ursprung in der gesellschaftlichen Entwicklung, den damit umhergehenden Handlungsveränderungen, sowie stets wachsenden Erwartungen und dem politischen Aspekt, der diese begleiten mag, hervorgeht. Folglich ist ein staatliches Mehrebensystem einhergehend.[9]

---

[7] Benz, Der moderne Staat, S. 271.
[8] Benz, Der moderne Staat, S. 107 ff.; 264 ff.
[9] Benz, Der moderne Staat, S. 320 ff.

II.

Textzusammenfassung

Mehrheitstyrannei durch Volksentscheide?

Zum Spannungsverhältnis zwischen direkter Demokratie und Minderheitenschutz

Vatter, Adrian / Danaci, Deniz

Der im Jahr 2010 in der „Politischen Vierteljahresschrift" erschienene Artikel „Mehrheitsty-rannei durch Volksentscheide? Zum Spannungsverhältnis zwischen direkter Demokratie und Minderheitsschutz" von Adrian Vatter und Deniz Danaci, befasst sich mit der Gegenüberstel-lung der repräsentativen und direktdemokratischen Demokratie und deren Auswirkung auf die Minoritätenrechte. Vatter und Danaci eröffnen durch den Einbezug empirischer Studien neue Sichtweisen, indem sie die beiden Demokratiekonzepte konkretisieren und ihre positiven und negativen Aspekte aufschlüsseln. Die Komplikationen erstrecken sich auf die direktdemokra-tischen Entscheide und dem umhergehenden Schutz- und Diskriminierungsmechanismus, der letztendlich auf die Minderheitenrechte einwirkt. Vatter und Danaci stellen die These auf, dass das direktdemokratische System einen negativen Einfluss hinsichtlich der Minderheiten-rechte aufweist und die mehrheitsdemokratische Betrachtungsweise daraufhin Überhand ge-winnt. Dieser Aspekt lässt sich jedoch nicht pauschalisieren, wodurch vielerlei Faktoren ein-bezogen werden müssen, um ein realistisches Ergebnis zu erzielen. Diese Faktoren werden im Folgenden in mehreren Argumentationsschritten veranschaulicht und erläutert.

Unter Vorbehalt beziehen sich die Autoren auf die Erkenntnisse der Befürworter und Kritiker der beiden Demokratiekonzepte. Anhaltpunkts der Publikation, ist der umstrittene Volksent-scheid zum Bauverbot von Minaretten in der Schweiz, der Missstimmung bezüglich plebiszi-tärer und parlamentarischer Demokratie aufkommen lässt. In gleicher Weise werden die De-mokratiekonzepte in den US-Bundesstaaten und in Deutschland hinterfragt. Direktdemokrati-sche Entscheidungen gewinnen immer mehr an Geltung in der heutigen Gesellschaft, obwohl ihr Ausmaß und die daraus resultierenden Folgen bezüglich der Minderheit meist unerforscht bleiben. Die ersten empirischen Studien resultieren in den 90er Jahren in den US-Bundesstaaten und weisen widersprüchliche Befunde auf. Einerseits ist der negative Einfluss vordergründig, andererseits repräsentiert die direkte Demokratie nicht grundlegend den As-pekt der Diskriminierung für Minderheitenrechte, wodurch sich das Forschungsspektrum auf die Bevölkerungsstruktur und deren Machtteilung ausweitet. Erstmals entstehen kleinere Un-terkategorien der Minderheiten, der ethnischen, sozialen und kulturellen Form.(vgl. Barbara Gamble 1997; Haider-Markel u. Maier 1996; Tolbert u. Hero 1996, 2001) Die Konsensdemo-kratie der Schweiz demonstriert ein Paradebeispiel für ein solches Konzept. Einerseits soll eine hohe Integrationswirkung der direkten Demokratie für Minderheiten gewährleistet sein, andererseits weißt die Schweiz einen Rückstand bezüglich der Völkerrechte, des Frauenwahl-rechts und der Ausländerpolitik auf (vgl. Vatter u. Danaci 2010, S. 208). Vergleichbar mit den US-Bundesstaaten, ist der Einbezug empirischer Befunde für eine Analyse unumgänglich.

Diese stützen sich in der Schweiz erstmals vordergründig auf die kommunale Einbürgerungspolitik, wobei ersichtlich wird, dass repräsentativdemokratische Gemeinden im Gegensatz zu direktdemokratischen Gemeinden einen höheren Minderheitenschutz vorweisen. Eine Unterteilung des direktdemokratischen Verfahrens aufgrund seiner Instrumente, in Form von direkten und indirekten Effekten ist erforderlich. Der Medianbürger erweist sich als Vorzeigemodel für die Gesamtheit, dessen Anknüpfungspunkt das parlamentarische Demokratiemodell darstellt. Infolgedessen stellt sich die Frage, inwiefern sich die direkten Effekte der direkten Demokratie im Gegensatz zur parlamentarischen Entscheidungsfindung auf den Minderheitenschutz auswirken und welche Rolle den indirekten Effekten zukommt. Diese These wird im folgenden Schritt durch neue empirische Befunde ergänzt und veranschaulicht. Die in den 90er Jahren publizierte Studie bezüglich des direkten Schutzes verschiedener Minderheitengruppen basierend auf Schweizer Volksentscheiden, stammt von Fey und Goette. Diese weist einen positiven Befund hinsichtlich der Volksabstimmungen auf, scheitert jedoch grundlegend an ihrem eigenen Konzept, welches nur einen kleinen Wirkungskreis umfasst und folglich nicht verwertbar ist. Vatter und Danaci haben daraufhin in Kooperation mit dem in der Schweiz laufenden Nationalen Forschungsprogramm NFP 58 eine neue aktuelle und umfangreichere Studie ins Leben gerufen, die den Befund von Frey und Goette widerlegt.(vgl. Vatter u. Danaci 2010, S. 210) Anhand der ersten empirischen Statistik ist ersichtlich, dass die direkten Effekte der direkten Demokratie eine minderheitenfeindliche Tendenz in der Schweiz aufweisen, wobei grundlegend zwischen einer Ablehnung eines Ausbaus und der Annahme eines Abbaus der Minderheitenrechte differenziert werden muss. Negative direkte Effekte der direkten Demokratie sind nur dann ersichtlich, wenn sie den Ausbau der Minderheitenrechte anstreben. Hingegen gewährleisten beide Demokratiemodelle beim Abbau einen annähernd einheitlichen Schutz. In Anbetracht der zweiten Statistik wird deutlich, dass ein weiteres Mal auf die Unterkategorien der Minderheiten Bezug genommen wird, wobei sich dreierlei Felder herauskristallisieren. Homosexuelle und Behinderte, denen ein gleichermaßen verteilter Minderheitsschutz bei beiderlei Modellen zukommt (vgl. Vatter u. Danaci 2010, S. 210). Das zweite Feld weist größere Abweichungen auf und repräsentiert Frauen, Militärdienstverweigerer sowie sprachliche und religiöse Minderheiten (vgl. Vatter u. Danaci 2010, S. 212). Das dritte Feld veranschaulicht die Ausländer, die durch das direktdemokratische Konzept die höchste Diskriminierung erfahren (vgl. Vatter u. Danaci 2010, S.216). Hinsichtlich des Bauverbots der Minaretten offenbart die Schweizerische Gesellschaft eine Form der Feindseligkeit bezüglich Minderheiten, diese gelten als schlecht integriert und bilden den größten Teil der Minoritäten. Aufgrund dieses Befundes ist es möglich, die Gesellschaft in zweierlei weitere Gruppierungen zu unterteilen. Die Mehrheit wird in Form der sogenannten Ingroups verkörpert, ein soziales Kollektiv mit vorweisbaren Wertmaßstäben. Die Kehrseite bilden die Outgroups, definiert als eine fremde Gruppe, die die mehrheitliche Homogenität stört und folglich eine gefährdende Position einnimmt. Um das Konzept der direkten Demokratie auf den Minderheitenschutz rekonstruieren zu können, ist es erforderlich einen weiteren Blick auf die indirekten Effekte zu werfen. Unterschiedliche Studien kommen einheitlich zu dem Ergebnis, dass der indirekte Effekt von den Präferenzen des Medianbürgers abhängt. Folglich weißt der Schutz der Minderheit auch Differenzen in der Bevölkerungsstruktur auf, wobei konservative Bundesstaaten im Gegensatz zu liberalen einen geringeren Schutzfaktor aufweisen. Die Faktoren, die einen Minderheitenschutz gewährleisten, sind schon damals in den Federalist Papers einem Heterogenitätsgrad einer Gesellschaft unterstellt wurden (vgl. Vatter u. Danaci 2010. s. 206). Nichtsdestoweniger darf man nicht pauschlaisieren, dass größere Gebietskörperschaften eine ethnische, kulturelle und sozial fortgeschrittenere Bevölkerungsstruktur besitzen. Empirische Studien zeigen auf, dass weder Heterogenitätsindikatoren, noch die Bevölkerungsdichte Relevanz hinsichtlich des Minderheitenschutzes hat. Gewissermaßen sind andere Faktoren wesentlich, wobei die Schweiz ein Paradebeispiel hinsichtlich des geringfügigen Minderheitenschutzes, bezüglich Ausländern und Frauen aufzeigt. Die durch Vatter und Danaci aufkommende Frage, ob das direktdemokratische System eine Tyrannei der Minderheit hervorrufe, ist nach Ansicht der Befunde eine gewissenhafte Auslgegungssache. Die direkte Demokratie stellt anhand ihres Konzepts weder ein Mittel der Mehrheit zur Tyrannei dar, noch erweist sie sich als effektivste Mittel zum Schutz der Minderheitenrechte. Sowohl die halbdirekte Demokratie in den USA und der Schweiz, als auch diverse Bevölkerungsstrukturen zeigen auf, dass sich die erläuterten Faktoren nicht regellos auf jeden Bundesstaat pauschalisieren und anwenden lassen. Das deutsche Demokratiekonzept bewahrheitet sich als Vorläufer. Ein faires Verfassungskonzept, welches aufgrund seiner Institutionen einen deutlich zufriedenstellenden Ausgleich zwischen den politischen Präferenzen der Bürger und der staatlichen Umsetzung ermöglicht. Das deutsche Konzept wird als ein Hürdengang der Volksentscheide umschrieben. Politische Präferenzen, Bevölkerungsstrukturen, gesellschaftliche Sozialverhältnisse und auch die eigenwillige Integration der Minoritäten erweisen sich als ausschlaggebende Faktoren für die Gewährleistung des Minderheitenschutzes. Schlussendlich stehen die Autoren einer plebiszitären Demokratie aufgrund der veranschaulichten positiven und negativen Befunde kritisch entgegen, verweisen jedoch auf die direkten und indirekten Effekte, die innerhalb Bevölkerungsgruppen herrschen und im Endeffekt einen Ausbau oder einen Abbau des Minderheitenschutzes fördern. Die Befürwortung oder gar Ablehnung eines Demokratietyps, liegt im Auge des Betrachters.

III.

TAKE HOME EXAM

Was ist Politikwissenschaft?

Was ist Politikwissenschaft?

Welche Aufgabe haben Politikwissenschaftler? Was leistet die Politikwissenschaft? Welche Methoden und Theorien verbergen sich hinter diesem politischen Phänomen? Welchen Dienst erbringt die Politikwissenschaft der Gesellschaft und der Politik?

Diese Fragen wirft das wissenschaftliche Fach der Politik auf und lässt eine Definition nahezu subtil erscheinen. Im folgenden Kontext werde ich auf die offenen Fragen eingehen und versuchen, diese zu replizieren.

Um Verständnis für das wissenschaftliche Fach der Politik aufbringen zu können, ist der Rückblick auf den geschichtlichen Hintergrund der Politikwissenschaft von großer Bedeutung. Die geschichtlichen Wurzeln der Politikwissenschaft erstrecken sich bis in die frühe Neuzeit und etablierten sich im 18. und 19. Jahrhundert an Universitäten, an denen sich die ersten Fächer mit einem politischen Schwerpunkt bildeten. Das deutsche Verständnis für Politikwissenschaft, als selbstständige Komponente, etablierte sich erst infolge des zweiten Weltkrieges unter den US-amerikanischen Einflüssen. Das Fundament lieferten die politischen Hochschulen für Politik in der Frühphase der Weimarer Republik. Die Demokratiewissenschaft, so damals betitelt, sollte durch Lehrende und im Journalismus tätige Personen, den Gedanken der Demokratie an die Öffentlichkeit und Bevölkerung weitertragen. In den 60er Jahren schlug die Politikwissenschaft eine empirisch-analytische Richtung ein, die politische Phänomene anhand theoretischer und methodischer Forschung widerlegen sollte. 1968 erlangten marxistische Theorien an Bedeutsamkeit, wodurch eine normative-hermeneutische Richtung eingeschlagen wurde. In den 80er und 90er Jahren etablierte sich die empirisch-analytische Richtung wieder, welche die bis heute die Politikwissenschaft prägt.

Die institutionell-formale Dimension – politiy, beschreibt folglich den Handlungsrahmen der nachkriegsdeutschen Politikwissenschaft, die sich damals mit der Analyse, der Funktionsweise und der Interaktion von Bundesregierung, Parteien und dem Parlament beschäftigte.

Mit dem Aufstieg der Bundesrepublik Deutschland, setzte auch der Wandel des Handlungsrahmens der nachkriegsdeutschen Politikwissenschaft ein und fokussierte sich weitgehend auf die Willens- und Entscheidungsfindung zur Durchsetzung von Interessen und Aufschlüsselung von Konflikten – politics.

Letztendlich durchlebte die Politikwissenschaft einen vorzüglichen Wandel, welcher auf den politischen und wirtschaftlichen Aufstieg der Bundesrepublik Deutschland zurückzuführen ist. Dieser prägte nicht nur die politischen Dimensionen, auf die ich im Folgenden noch eingehen werde. Vordergründig veränderte sich auch das wissenschaftliche Denken. Die Aufgabenbereiche der einzelnen Institutionen wurden ihrem Wesen und dessen Funktionen hinterfragt und Verbände erlangten ein hohes Maß an politischem Interesse. Der Bezug auf den geschichtlichen Hintergrund der Politikwissenschaft verdeutlicht, dass sich ein bedeutsamer Wandel des wissenschaftlichen Begriffs vollzogen hat. Dennoch erscheint eine Definition der Begrifflichkeit utopisch. Politik und Wissenschaft sind zwei unterschiedliche Themenbereiche, welche einander kongruent entgegentreten. Die dadurch entstehende Wechselbeziehung, stellt jedoch kein Ausschlusskriterium für den politischen Kern der Politikwissenschaft dar. Um beide Begrifflichkeiten auslegen zu können, ist eine Erläuterung dieser von Nöten.

Die Politikwissenschaft bildet als Integrationswissenschaft eine Komponente der modernen Sozialwissenschaft. Sie definiert sich über die Analyse der politischen Wirklichkeit, der Erforschung politischer Systeme, der Veranschaulichung politischer Phänomene und dem Einbezug der Gesellschaft in das politische Geschehen.

Politik hingegen, definier sich als Konzept des sozialen Handelns. Das Konzept unterliegt Entscheidungen und Steuerungsmechanismen, die verbindlich das Gemeinwohl und das Zusammenleben der Menschen innerhalb einer Bevölkerung normieren. Politik ist im Alltagsgeschehen ergo allgegenwärtig und immerwährend. Schlussfolgernd bildet die Politik den Untersuchungsgegenstand der Politikwissenschaft.

Die Politikwissenschaft etabliert sich durch ihre Definition in Form des Studienobjektes, der Politik, sowie dessen Forschungsinstrumenten. Die Studienobjekte lassen sich in drei analytischen Dimensionen der Politik unterteilen. Der englische Sprachgebrauch fokussiert sich auf ein dreistufiges Modell und bezeichnet die drei Dimensionen als policy, politics und polity.

Policy reflektiert die inhaltlich normative Dimension, die durch die gesellschaftliche Wert- und Normvorstellung, Aufgaben und Ziele, sowie politische Programme und deren Durchführung geprägt ist.

Politics umfasst die prozessuale Dimension. Entscheidend sind hierbei die Willens- und Entscheidungsfindung zur Durchsetzung von Interessen und Aufschlüsselung von Konflikten.

Politiy bildet die institutionell-formale Dimension. Sie nimmt Bezug auf den politischen Handlungsrahmen, welcher durch Normen und Gesetze gestärkt wird. Ziel ist es, ein geregeltes Maß an Ordnung und Struktur in der Gesellschaft zu etablieren.

Eine inhaltliche Abgrenzung der Dimensionen wird durch die Dreiteilung des politischen Begriffs beabsichtigt, wodurch ihre Wechselwirkung letztendlich normativ, prozessual und institutionell auf das politische Geschehen einwirkt. Die Politik und Politikwissenschaft erwecken den Anschein, dass sie in ihrer Theorie keiner Trennung unterliegen, jedoch in der Praxis unabhängig voneinander sind, wodurch ein großer Raum für Interpretationen hinsichtlich dieser beiden Begriffe entsteht. Desweiteren bildet das Instrumentarium der Politikwissenschaft einen wichtigen Anhaltspunkt für die Interpretation und Erläuterung von politischen Phänomenen. Um diese aufschlüsseln zu können, bedarf es einer konkreten Vorgehensstrategie. Diese Strategien beziehen sich auf das Verständnis und die Aufnahmefähigkeit von Bürgern, die keinen Bezug zu Politikwissenschaftlern und ihrer Arbeit hegen. Letztendlich soll anhand dieser Methoden das Verständnis für das politische Phänomen und dessen Widergabe rekonstruiert werden. Hierbei lassen sich zweierlei Ansatzmöglichkeiten unterscheiden. Die empirische Analyse nimmt eine objektive Stellung an, indem sie ohne Werturteile ein unverzerrtes Bild der politischen Wirklichkeit widergibt. Der normativ-hermeneutische Ansatz hingegen, ist wertend. Diese Analyse basiert auf bestimmten Kriterien, die der gesellschaftlichen Moralvorstellung entgegengesetzt werden.

Anschließend lässt sich die Politikwissenschaft in vier Untersuchungsgebiete gliedern. Diese weisen bei genauerer Betrachtung unzählige weitere Untersuchungsfelder auf. Die Gebiete setzen sich aus dem politischen System der Bundesrepublik Deutschland, politischen Theorien, internationalen Beziehungen und der Politikfeldanalyse zusammen. Hierbei handelt es sich lediglich um Oberkategorien für politikwissenschaftliche Forschung. Das politische System lässt sich nicht anhand seines Aufbaus analysieren, weitere Untersuchungsfelder müssen in Betracht gezogen werden. Die Rede ist von politischen Prozessen, Strukturen und Kommunikationen.

Die politikwissenschaftliche Forschung setzt sich aus historischen und modernen Bestandteilen zusammen – politische Philosophie – Ideengeschichte – Wissenschaftstheorie – welche gemeinsam zur Entstehung von Modellen und Theorien beitragen und einen politischen Praxisbezug zulassen.

Vorab ist festzuhalten, dass sich die Politikwissenschaft als hilfreiche Thematik in der heutigen Gesellschaft und Forschung etabliert hat. Jedoch bestehen wie bei jedem Forschungsprozess Unstimmigkeiten, die sich durch Befürworter und Gegner bezüglich der Aufgabenbereiche ergeben. Ein Teil der Politikwissenschaft ist darauf fokussiert, einen näheren Realitätsbezug zur Gesellschaft, unabhängig von der Wissenschaft aufzubauen. Die Gegenseite hält an der geschichtlichen Ideologie fest, indem der Praxisbezug zur Politik keine Aufgabe der Politikwissenschaft darstelle. Es bleibt umstritten, ob die Politikwissenschaft lediglich einem theoretischen Muster unterliegen soll oder auch dem Praxisbezug zugunsten herangezogen werden muss. Folglich ist ersichtlich, dass selbst in der Politikwissenschaft, die Frage nach den Aufgaben und Anforderungen individuelle Auslegungssache bleibt.

Letztendlich umfasst das deutsche politische System eine Vielfalt an politischer Bildung, in der die Wissenschaft nicht außen vor gelassen werden darf. Sie trägt ein unverfälschtes Bild des politischen Geschehens an die Bevölkerung, ohne das ein objektives Urteilen nicht annehmbar wäre. Die politische Bildung würde ohne die Wechselwirkung der Politikwissenschaft und politischen Entscheidungen der Demokratie zu einem unzureichenden Kriterium werden, welches vermieden werden soll. Die Rede ist von der Evaluation der Risiken, die die Politikwissenschaft in Verbindung mit politischen Entscheidungen und Handlungen auf ertragen bekommt. Welche oftmals unter Zeitdruck inkonsequent beschlossen und nur für anstehende Probleme greifbar sind. Folglich ist das politische Handeln ein Spiel mit dem Feuer, das auf Ungewissheit basiert und auf ein kalkulierbares Risiko hofft. Die subjektive politische Bildung hingegen, sollte kritisch betrachtet werden. Sie wird schnell für Wertschätzungen und Werturteile einzelner Wissenschaftler herangezogen, die das gesamtpolitische Bild nicht betrachten. Ihr Ziel, ein unverfälschtes Bild des politischen Geschehens widerzugeben, wird somit fehlgeleitet. Eine objektive politische Sichtweise bildet die Grundvoraussetzung für die Gesellschaft, ihr eigenes Urteilsvermögen zu bekräftigen und sich politisch zu engagieren, wodurch ein wichtiges Kriterium für einen funktionierenden demokratischen Staat geschaffen wird.

Bezüglich eines objektiven Urteilsvermögens, untersucht die Friedrich-Ebert-Stiftung unter Leitung von Prof. Dr. Bettina Fackelmann, im Juni 2011, das Engagement junger Leute im Alter von 16 bis 19 Jahren zum politischen Alltagsgeschehen. Mit Hilfe der sozialwissenschaftlichen Methode, der Grounded Theory, soll die daraus hervorgehende Studie „Sprichst du Politik" aufzeigen, dass das Engagement junger Leute am allgegenwärtigen politischen Geschehen abnimmt. Bestärken lässt sich diese Theorie aufgrund der Nachwuchsprobleme solider politischer Parteien und der Wahlbeteiligung der Bevölkerung. Das politische Interesse, welches durchaus das wichtigste Kriterium für Stabilität eines demokratischen Staates bildet, verliert mittel- bis langfristig seine Beständigkeit. Folglich sind Verständnis- und Kommunikationsprobleme zwischen politischen Akteuren und jungen Leuten die Ursache dieses Rückgangs. Der Appell an die Politik, politischen Institutionen und Akteure lautet folgendermaßen: „Gebt der heranwachsenden politischen Generation die Möglichkeit, mündige Staatsbürger/innen zu werden" – „Die Medien sollen nicht Floskeln der Politiker/innen übernehmen, sondern helft uns, zu verstehen, was dahinter steckt" – „Wir wollen mehr Politikunterricht, wir wollen ihn früher, neutraler und praxisnaher", letztendlich wollen auch sie, die jungen Leute, zu mündigen Staatsbürgern heranwachsen. Essenziell verdeutlicht Fackelmann durch die Studie, dass das politische Ausdrucksvermögen einen bedeutsamen Aspekt für die heranwachsende Bevölkerung und mithin einen Stabilisatoren für einen funktionierenden demokratischen Staat darstellt.

Das wissenschaftliche Fach bildet demzufolge ein Fundament für die Politik, die politischen Institutionen, Akteure und die gesellschaftliche Interaktion. Es legt mögliche Gefahren offen, erbringt einen schützenden Faktor und bleibt permanent bestrebt, die Gefahr in ein kalkulierbares Risiko umzuwandeln. Dieses gelingt ihr durch Ursache-Wirkungs-Relationen, Analysen der politischen Theorie- Ideengeschichte, sowie dem Einbezug der Bevölkerung und der jungen heranwachsenden Generation.

Einen direkten Dienstleistungsfaktor stellt die Politikwissenschaft jedoch nicht dar, sie appelliert lediglich an die politisch unterwürfigen Zeiten, in denen wissenschaftliche und objektive Erkenntnisse außen vor gelassen wurden und es zu Krisen und Unzufriedenheit innerhalb des politischen Systems und des Staats kam. Letzten Endes lässt sich sagen, dass die Politikwissenschaft einen unabdingbaren Nutzen für Politiker und die in einer Gesellschaft lebenden Bürger hat. Sie vermittelt unverfälschte Informationen des politischen Geschehens, bietet den einzelnen Individuen die Möglichkeit auf eine unvoreingenommene Willensbildung und regt zur politischen Tätigkeit innerhalb des bestehenden Systems an und integriert Individuen in das Geschehen des politischen Vorgehens. Selbst Politiker erfahren eine wissenschaftliche Unterstützung in Bereichen der Analyse, Datenaufbereitung und Beratung.

Einen Garanten für einen politisch funktionierenden Staat, bietet die Wissenschaft jedoch nicht. Jeder einzelne Bürger ist für sein eigenes Leistungs- und Beteiligungsspektrum am politischen Geschehen verantwortlich, sofern er die wissenschaftlichen Dienste annehmen und sich fortbilden möchte.

IV.

Literaturübersicht

Demokratiemessung

Arten, Möglichkeiten und Grenzen

Mittels dieser Literaturübersicht möchte ich mich eingehend mit der Thematik der Demokratiemessung befassen. Anhand der mir vorliegenden Literatur versuche ich, die verschiedenen Arten, Möglichkeiten und Grenzen des mir aufgetragenen Inhaltes bestmöglich aufzeigen, sie angemessen zu erörtern und eine geeignete Schlussfolgerung zu finden. Dabei beziehe ich verschiedene wissenschaftliche Werke mit ein.

Unter dem Begriff der Demokratiemessung versteht man verschiedene Möglichkeiten und Parameter, unterschiedliche Gesellschaften anhand von wissenschaftlichen Messmethoden zu analysieren sowie diese vorrangig zu kategorisieren.

Ich fokussiere mich in dieser Übersicht auf die Messungen der europäischen und amerikanischen Länder. Zudem beziehe ich historische Hintergründe mit ein, vergleiche diese mit der heutigen Situation und erläutere meine Ergebnisse. In beinahe jeder Literatur, welche sich mit den Inhalten der Demokratiemessung befasst, ergeben sich verschiedene Problematiken der unterschiedlichen Vorgehensweisen. Die aktuelle politische Ausrichtung eines Landes sowie deren religiöse und wirtschaftliche Lage, welche sich stetig verändern, erschweren eine vereinfachte Messung. All diese Aspekte und noch weitere, müssen berücksichtigt und begutachtet werden, um ein qualitatives Ergebnis zu erhalten.

Der renommierte Publizist und Politiker Alexis de Tocqueville schrieb 1834 in seinem zweiten Band über die politische Situation Amerikas und erklärte: „Der Gang der Politik gleicht dem Fluge eines Drachens, dessen Bahn von dem Winde, der ihn treibt und der Schnur, die ihn hält, abhängig ist." (Tocqueville, Erinnerung, 2010)

So ist es auch um die Messung der Demokratie bestellt. Sie verändert sich stetig und birgt einen enorm komplexen Forschungsgegenstand, um eine genaue und allgemeingültige Aussage zu treffen. Verschiedene Verfahren und Methoden befassen sich mit dieser Vielfalt.

Ein Index dieser Messung ist der so genannte KID (Kombinierter Index der Demokratie). Der Politikwissenschaftler Hans- Joachim Lauth veröffentlichte mehrere Werke über diese Thematik und stellte den vorab genannten Index (KID) auf. Die anfallenden Schwierigkeiten seien nicht zu unterschätzen und es würden sich nur wenige Messvorschläge zu einer Feinmessung eignen, lautet es in seiner Veröffentlichung.

Er kombiniert in seinem Index die Aspekte der Freiheit, Gleichheit und der Kontrolle, des in dem jeweiligen Landes vorherrschenden Demokratieverständnisses. Lauth ist daran gelegen, „Ursachen und Dynamiken von Fehlentwicklungen zu untersuchen". Dabei entwickelte er eine Skala, welche von 0 bis 10 gegliedert ist. Ein umfassendes demokratisches System beherbergt die Zahl 10, wobei ein stark autokratisches System die Zahl 0 inne hat. Dies bedeutet, dass nicht bloß die üblichen Fragen, wie: „Inwieweit ist die politische Beteiligung reguliert?", oder: „Handelt es sich um ein frei gewähltes Parlament, mit mindestens einem Regierungswechsel unter dem vorangegangenen Wahlrecht?", gestellt werden. Lauth bezieht stattdessen noch den Indikator der wirtschaftlichen Kontrolle mit ein. Er versucht, eine möglichst große Streuung der Aussagen zu treffen, um eine geeignete Aussage zu erhalten.

Anhand der Fragestellung was Demokratie nicht ist, gibt er fünf Kritikstränge an, welche eine mögliche Messung veranschaulichen sollen. Da sich die Fragestellung, was Demokratie sei und wie man diese bestmöglich kategorisiert, sehr umfangreich ist, grenzt er diese durch seine Methodik ein.

Er nennt die „Performance demokratischer Systeme". Diese orientieren sich nicht nach dem Gemeinwohl des Volkes und sei deshalb ungeeignet, gewünschte Resultate zu erbringen.

Ein weiterer Kritikpunkt sei die „fehlende Responsivität der jeweiligen Demokratie". Dabei bestünde die Möglichkeit, die Bürger zugunsten herrschender Interessen zu manipulieren.

Ein Beispiel ist ebenso die Gefährdung der Freiheit. Das Wort Freiheit ist unumgänglich bei jedweder Literatur, die sich mit diesem Thema befasst. Es taucht in beinahe jeder wissenschaftlichen Arbeit auf, die mir vorlag.

Lauth erklärt, dass „individuelle Freiheits- und Minderheitsrechte aufgrund der Mehrheitsregel verletzt werden können. Ein Indikator, der bei der Messung der gegebenen politischen Situation eines Staates mit einbezogen werden muss.

Die Mehrheit der Bevölkerung assoziiert mit dem Begriff Demokratie das Wort Freiheit. Daraus folgernd lässt sich die Entstehung oder der Wunsch nach einem geeignetem Verfahren erklären, der die Staaten kategorisiert. Je nach Lage können daraufhin Forschungen und Ideen entwickelt werden, die eine mögliche Demokratisierung verhindern.

Als vierten Strang benennt er die „fehlende Effizienz demokratischer Systeme". Störungen im Wahlprozess, durch viele institutionelle Entscheidungsverfahren, verlangsamen eine Entscheidungsfindung.

Als letztes Beispiel berichtet Lauth von der unzureichenden Kontrolle, welche Machtmissbrauch und Machtkartelle mit sich zögen.

Betrachtet man nun dieses Aspekte, so lässt sich das breit gefächerte Feld der Demokratiemessung, ein Stück weit besser eingrenzen und definieren.

„Es gibt kein gefährlicheres Beispiel, als wenn ehrliche Leute das Gute mittels Willkür und Gewalt einführen", schreibt Tocqueville bereits im 19. Jahrhundert. Er erlebte die Französische Revolution, den Wandel einer Monarchie zur Demokratie und sah vorerst in Amerika einen erstrebenswerten Vorreiter. Allerdings sah er auch die vorhandenen Probleme und Hürden, die erklommen werden mussten. Bürgerkriege, schnell wechselnde oder gar keine vorhandene Regierung, waren an der Tagesordnung. Oftmals zeigte er sich in seinen Veröffentlichung sehr kritisch gegenüber den Geschehnissen um ihn herum. Er sprach erstmalig über die „Tyrannei der Mehrheit". Diesen Begriff benutzen auch Lauth und die sozialpolitischen Forscher Pickel in ihren heutigen Werken.

Getrieben von der Festigung der politischen Freiheit, sei die Demokratiemessung ein Verfahren, welches mit die größten Forschungslücken in der Politikwissenschaft besäße. Dennoch sei es ein Instrument, welches in der zukünftigen Politikwissenschaft unumgänglich sei. Außer der Methode Lauth´s, gibt es noch weitere Indikatoren, anhand derer eine Messung möglich ist.

Die Organisation Freedom House konzipierte den sogenannten Freedom- House- Index, der den Grad der Demokratie und der Freiheit der Länder bewertet. Die Klassifikation erfolgt anhand einer Skala von 1 bis 7, wobei sich Freedom House aufgrund der Bewertungen der politischen Rechte und bürgerlichen Freiheiten orientiert.

Existiert eine Meinungs- und Glaubensfreiheit und wie verhält sich die Funktionsweise des jeweiligen Regierungssystems? Seit 1972 erfasst die Organisation zuletzt 194 souveräne Staaten und misst deren Demokratiegrad.

Ein weiterer Index ist der Polity- Index. Bei diesem wird der vorherrschende Demokratisierungsgrad um den Autokratiegrad subtrahiert. Auf einer Skala von 1 bis 10 wurde dieser Index festgelegt. Dabei kategorisiert sich die 10 als maximal demokratisch und die 0 als maximal autokratisch.

Der finnische Sozialwissenschaftler Tatu Vanhanen konzipierte ebenfalls eine Methodik, wie ein Staat als Demokratie einzustufen sei. Dabei konzentrierte er sich ausschließlich auf den Indikator der Partizipation sowie der Anzahl der aktiven Wähler. Diese werden in Relation zur Gesamtbevölkerung gesetzt.

Vanhanen erstellt die Aussage: „dass die Wahlbeteiligung einen Anteil von 30 Prozent nicht unterschreiten darf." Andernfalls sei „das politische System als demokratisch- illegitim einzustufen. Allerdings bezieht sich dieser Index bloß auf zwei Merkmale, die eine explizite Messung nicht möglich machen.

Des Weiteren existieren unterschiedliche Barometer, die sich mit der politischen Entwicklung des jeweiligen Staates befassen und diese auswerten. Diese sollen vorrangig die Qualität der Demokratien erfassen.

Sieht man auf die Historie der Demokratie und deren Entwicklung, lassen sich erhebliche Veränderungen feststellen. Nach der These des amerikanischen Politikwissenschaftlers Francis Fukuyama, würden sich, nach Ende des Kalten Krieges, alle Gesellschaften zu einer liberalen Demokratie entwickeln, derer das westliche Vorbild zugrunde liegt. Verwendet man nun einige der oben genannten Indikatoren, so lässt sich feststellen, dass dies nicht ganz in Kraft getreten ist. Im Vergleich von Russland und Ungarn wird ein Rücklauf der politischen Freiheit erkennbar. Bezugnehmend auf die Schwierigkeit, der detaillierten Messung, wird deutlich, dass auch hier weitere Barometer fehlen. Fukuyama beharrt jedoch darauf, dass sich derzeit keine bessere Staatsform behaupten konnte, gleich wie man sie explizit einordnen würde. Gegen Ende seines Textes bleibt das Verhältnis von Freiheit und Gleichheit ungelöst. Einige von ihm genannte Aspekte jedoch, lassen sich allerdings auf die Demokratiemessung anwenden: Dass diese ein homogenes Volk voraussetzt und eine starke ökonomische Ungleichheit die Demokratisierung hemme.

Die Demokratie hat einen enormen Wandel erlebt, welcher sich weiterhin erstreckt und deshalb gemessen und verglichen werden sollte. Untersucht man die verschiedenen Indikatoren einzeln, so kann bei keiner ein exakter Wirkungsgrad errungen werden. Unter Betrachtung sämtlicher, zur Verfügung stehender Mittel, lässt sich eine kurzzeitige Gliederung vornehmen. Diese gliedern sich in die verschiedenen Barometer, welche die Qualität der einzelnen Staaten untersuchen sowie die Gegenüberstellung der Extreme vornehmen:

Vollständige Demokratien oder unvollständige Demokratien? Ebenso müssen empirische Indizien herangezogen werden, wie der „Kombinierte Index der Demokratie" oder der „Polity-Index". Da sich die politische Lage eines Staates relativ schnell ändert oder verändern kann, ist nur eine temporäre Messung möglich. Aufgrund des enormen Aufwandes und der vielfältigen Spektren, die in Betracht gezogen werden müssen, entpuppt sich die Demokratiemessung als ein herausforderndes Unterfangen. Eine exakte und genau definierte Form, die auf die verschiedenen Staaten der Erde zutrifft, ist bis heute nicht möglich, da sich diese in ihren verschiedenen wirtschaftlichen, politischen und religiösen Situationen erheblich voneinander Unterscheiden.

„Der Zustand der Demokratie aber muss dauernd überwacht werden. Er ist weder gut noch böse, sondern ständiger Korrektur bedürftig, weil ihm tödliche Gefahr droht." (Alexis de Tocqueville, 1834)

V.

Selbstreflektion

des Lernprozesses

Die Politikwissenschaft – für mich ein komplett neues Terrain.

Das Modul „Einführung in die Politikwissenschaft", mit dem ergänzenden Seminar „Demokratie in Theorie und Empirie", unter der Leitung von Dr. Tobias Jakobi, hat mich durch seine breit gefächerte Materie überrascht und mir neue Erkenntnisse ermöglicht Im Folgenden, möchte ich meinen Lernprozess in einer Reflektion niederschreiben und auf die grundlegenden Aspekte des Seminars eingehen.

Kern der Übung bildeten die politikwissenschaftlichen Arbeitstechniken kollektiv mit der Vorlesung „Einführung in die Politikwissenschaft". Wir, die Teilnehmer des Seminars, erlangten das Verständnis für die Inhalte, der Denkweisen und Fragestellungen dieses breit gefächerten Faches. Die wissenschaftliche Arbeit basierte auf politikwissenschaftlichen Forschungsperspektiven, die eine Auseinandersetzung mit der Entstehungsgeschichte und den Formen der Demokratie wesentlich machten. Diese Beschreibung des Seminars erachtete ich als illustrativ und interessant, bis zu dem Zeitpunkt, als wir in den ersten Sitzungen die Methodik besprachen. Wie schon erwähnt, war die wissenschaftliche und empirische Auffassung des Faches ein komplett neues Terrain für mich, welches sich im Verlauf des Seminars bestätigte. Aufgrund meines Hauptfaches, der Rechtswissenschaft, in dem ich vielerlei Gutachten über die Jahre hinweg verfasste, entgingen mir eine Menge wissenschaftlicher und empirischer Methoden. Diese wiederrum bilden die Grundlage für das politikwissenschaftliche Know-how. Schließlich liegt in der Kürze die Würze, so die Juristen. Gewiss hatte ich in der Vergangenheit Berührungspunkte mit wissenschaftlichen Arbeiten, jedoch nur auf rechtlicher/juristischer Ebene. Daraus folgend stellten sich mir allerlei Fragen. Wie finde ich geeignetes Material zur Erschließung der Texte? Wie verläuft eine Recherche? Wie sieht eine Reflektion aus und welche Leitgedanken sind notwendig, um in der darauffolgenden Sitzung eine Diskussion führen zu können? Ist meine Forschungsfrage angemessen? Wie zitiere ich richtig – Was sind Monographien, Zeitschriftenartikel und Sammelbänder? Letztendlich war ich mir nicht sicher, ob ich überhaupt unter all den Aspekten eine simple Textzusammenfassung niederschreiben könnte. Jegliche Bedenken waren letztendlich auf die politische Ebene bezogen. An diesem Punkt waren die Eigeninitiative und das selbstorganisierte Lernen gefragt. Als hilfreich erachtete ich folgende Standpunkte:

Primär war der „Leitfaden zum Studium der Politikwissenschaft in Göttingen" ein erheblich wichtiger Anknüpfungspunkt, um Verständnis für das wissenschaftliche Arbeiten aufzubringen und der grundlegenden Methodik näher zu kommen. Von der Theorie bis zur Praxis erhielten wir Anhaltspunkte, die uns den Einstieg in das Studium der Politikwissenschaft erleichterten.

Sekundär nahm Dr. Jakobi als Seminarleiter, welcher die Diskussionen um die Lehre leitete und die Selbststeuerung des Lernprozesses förderte, eine enorm wichtige Rolle im Lernprozess ein. Sein strukturierter Seminarplan beinhaltete den Ablauf, das Zeitmanagement, die Ziele und auch die notwendigen Materialien, die uns als Handhabe dienten. Binnen der Sitzungen wurde mir bewusst, dass seine Erwartungen und das Voranschreiten der Übungen abhängig von unserer Mitarbeit, sowie unserer wöchentlichen Vorbereitung war. Nichtsdestotrotz agierte Dr. Jakobi flexibel bei der Gestaltung der Sitzungen, wobei er auf die Wünsche der Teilnehmer einging, elementare Themen öfters erläuterte und für Alternativen offen war. Das Lernumfeld gestaltete sich somit abwechslungsreich und harmonisch. Die einzelnen Übungen basierten auf historischen Texten, die wir als eine Art Hausaufgabe bearbeiteten. In kleineren Gruppen wurde diese Aufgabe zu Beginn des Seminars nochmals mit eigenen Worten wiedergegeben und kurz ausdiskutiert. Letztendlich erhielten wir Leitfragen von Dr. Jakobi, durch die wir gemeinsam eine offene und dynamische Gruppendiskussion führen konnten. Positiv anzumerken sei, dass man binnen der Diskussion leichter Eigeninitiative ergreifen, jedoch zu jeder Zeit eine Hilfestellung seitens des Seminarleiters in Erwägung ziehen konnte.

Tertiär war die praktische Auseinandersetzung mit den historischen Texten essenziell. Im Folgenden bildeten diese Werke aus den unterschiedlichsten Epochen die Grundlage für die Gruppenarbeiten und Diskussionen. In diesen konnte man sein erreichtes Lernpensum sowie mögliche Defizite konstatieren, welches letztendlich bei der selbstständigen Erarbeitung des Portfolios von großer Bedeutung war.

Die erste Teilaufgabe des Portfolios bildet die Vorlesungszusammenfassung vom 11.11.2016. Sie befasst sich mit dem Grundbegriff II, welcher den Staat repräsentiert. Inhaltlich war die Ausarbeitung dieser Aufgabe trivial. Der deutsche Staatsrechtler Georg Jellinek und seine Drei-Elemente-Lehre waren Teil des rechtswissenschaftlichen Studiums. Letztendlich war es für mich aufgrund dessen von Bedeutung, dass bestehende Allgemeinwissen durch weitere historische Aspekte auszuführen. Einen gezielten Blick auf die prägenden Epochen zu werfen, um schlussfolgernd die Veränderung der Staatlichkeit wiedergeben zu können.

Die zweite Aufgabe umfasste eine Textzusammenfassung, von dem im Jahr 2010 in der „Politischen Vierteljahresschrift" erschienene Artikel „Mehrheitstyrannei durch Volksentscheide? Zum Spannungsverhältnis zwischen direkter Demokratie und Minderheitsschutz" von Adrian

Vatter und Deniz Danaci. Dieser befasste sich mit der Gegenüberstellung der repräsentativen und direktdemokratischen Demokratie und deren Auswirkung auf die Minoritätenrechte. Diese Teilaufgabe beanspruchte meine volle Konzentration. Einerseits fesselte mich die Thematik, dass sich Komplikationen auf direktdemokratische Entscheidungen und den umhergehenden Schutz- und Diskriminierungsmechanismus erstrecken, die letztendlich auf die Minderheitenrechte einwirken. Andererseits war es komplex die These von Vatter und Danaci zu wiederlegen oder gar zu pauschalisieren. Folglich ermöglichte der Einbezug der empirischen Studien weitere aufschlussreiche Gesichtspunkte.

Das Take-home-exam bildet die dritte Teilaufgabe der Studienleistung und befasst sich mit der Frage „Was ist Politikwissenschaft?". An sich eine überschaubare Aufgabe, insofern man alle Teilbereiche, Leistungen, Theorien, Methoden und Dienste der Politikwissenschaft erfasst. Um mir einen Überblick zu verschaffen, zog ich neben herkömmlichen Lehrbüchern noch eine Studie hinzu, durch die ein realitätsnaher Bezug zum politischen Geschehen, anhand der heutigen heranwachsenden/jugendlichen Gesellschaft möglich war. Vorab erachtete ich diesen Teil des Portfolios als anspruchsvollsten Teil, der mir im Nachhinein jedoch die größte Freude bereitet hat.

Die vierte Aufgabe erschließt sich aus der Literaturrecherche, welche sich nachfolgenend als zeitaufreibend und anspruchsvoll herauskristallisierte. Wie oben anfänglich umschrieben, hatte ich mich schon einige Male mit wissenschaftlicher, als auch historischer Literatur auseinander gesetzt. Bloß eben nicht auf politischer Ebene. Ein weiteres Mal kam eine Vielfalt von Fragen auf. Kann ich meine bisherigen Erkenntnisse/Fähigkeiten auch im Bereich der Politikwissenschaft einbringen? Gibt es zwischen den beiden Wissenschaften nennenswerte Unterschiede hinsichtlich der Ausarbeitung solch einer Recherche? Lege ich mir eventuell selbst Steine in den Weg? Nach anfänglichen Schwierigkeiten wurde mir schnell bewusst, dass ich viel tiefer in die Materie einsteigen musste, als ich es zuvor geplant hatte. An diesem Punkt entgegnete ich der Aufgabe divergent. Die herkömmlichen Zweifel legte ich binnen weniger Stunden ab und befasste mich inniger mit den historischen Aspekten der Demokratiemessung, welches eines der Themen meiner Literaturrecherche umfasst. Ich empfand es vorab äußerst schwierig, geeignete Literatur herauszusuchen, welche die Thematik vollzählig beinhaltet. Umso mehr ich mich mit den Texten beschäftige und mich dementsprechend einlas, desto verständlicher erschien mir das Konzept der Demokratiemessung. Zwischenzeitlich war ich so vernarrt in die mir vorliegende Lektüre, dass ich mich sogar an fremdsprachliche Literatur wagte. Während meiner Suche nach historischen Werken über die amerikanische und westliche Demokratie, stieß ich unumgänglich auf den französischen Publizisten Alexis Charles-Henri-Maurice Clérel de Tocqueville. Sein zweites Werk der amerikanischen Demokratie faszinierte mich dermaßen, dass es mir unumgänglich erschien, dieses nicht in meine Literaturrecherche einfließen zu lassen. Spätestens zu diesem Zeitpunkt, hatte mich nicht nur das Thema der Demokratiemessung mit all seinen Indikatoren gefesselt, sondern auch der historische Hintergrund. Das wissenschaftliche Arbeiten, empfand ich als eine große Herausforderung. Vergleiche ich abschließend sämtliche Herausforderungen, welche ich während meiner Recherche meistern musste, bin ich mit meinem Ergebnis sehr zufrieden. Obwohl ich keinerlei Fehler ausschließen kann, ermöglicht mir mein neuerrungenes Wissen, mich vielfältiger in diesem Bereich bewegen zu können. Sei es in dem spezifischen Bereich der Demokratiemessung oder meines politikwissenschaftlichen Studienganges selbst.

Revue passierend, gelang es mir durch die einführende Vorlesung sowie das dazugehörige Seminar unter Dr. Jakobis Leitung, meine Stärken und Schwächen in dem politikwissenschaftlichen Studium eigenständig niederzuschreiben und zu reflektieren. Prinzipiell habe ich mich weitaus mehr mit meinem Zeitmanagement und der umhergehenden Zielsetzung - Abgabe des Portfolios- beschäftigt und mir strikt Deadlines gesetzt, welche ich daraufhin gewissenhaft verfolgte. Mithin kann ich mehr positive, als negative Erfahrungen beanstanden. Sowohl mein Vokabular, als auch mein Wissensstand haben sich weiterentwickelt. Der historische Hintergrund der Politikwissenschaft, ist für mich in den Vordergrund gerückt. Positiv anzumerken sind desweiteren die neuen Erkenntnisse der Recherche und Reflektionen literarischer Texte, sowie deren Zusammenfassung, die mir selbst im Rahmen der Rechtwissenschaft hilfreich entgegnen. Komplex hingegen waren die Auseinandersetzungen mit den historischen Texten, deren eigentliche Kernausgen lediglich mit Hintergrundwissen verständlich und entschlüsselbar war. Oftmals gab die Zeit eine ausführliche Nachforschung nicht her. Im Zuge solcher Komplikationen, verwies Dr. Jakobi oftmals auf Fachzeitschriften und Nachschlagwerke, die ich zuvor sehr selten in Erwägung gezogen hatte. Die am Freitagmorgen stattfindende Vorlesung, hat meines Erachtens nach viel Allgemeinwissen vermittelt und bei mir letztendlich Neugier für bestimmte Themen, wie beispielsweise die Kubakrise geweckt, da ich selber einen Migrationshintergrund besitze. Zuallerletzt werde ich Dr. Jakobis Struktur des wissenschaftlichen und empirischen Arbeitens beibehalten, an meinen erfassten Schwächen arbeiten und weiterhin einen Abschluss im Bereich der Politikwissenschaft anstreben.

VI.

Literaturverzeichnis

Alemann, Ulrich. *Grundlagen der Politikwissenschaft: Ein Wegweiser*. Springer-Verlag, 2013.

Benz, Arthur. *Der moderne Staat: Grundlagen der politologischen Analyse*. 2. Oldenbourg, 2008.

Bernauer, Thomas, Detlef Jahn, Patrick Kuhn, und Stefanie Walter. *Einführung in die Politikwissenschaft*. Nomos Verlag, 2015.

Buchstein, Hubertus, und Gerhard Göhler. *Kommunalpolitik in Deutschland*. VS-Verlag, 2007.

—. *Politische Theorie und Politikwissenschaft*. VS-Verlag, 2007.

Döbel, Ulrike. *Geist Vanhanens: Index of Democratization - als Beispiel einer Demokratiemessung*. Grin Verlag, 2013.

Forster, Dirk. *Alexis de Tocqueville: Erinnerung* . Karoliner Verlag , 2010.

Fukuyama, Francis. *The End of History and the Last Man*. Simon and Schuster, 2006.

Gamble, Barbara. „Putting civil rights to a popular vote." *American Journal of of Political Science* , 1997: 245-269.

Haider-Markel, Donald P., Kenneth J. Meier. „The politics of gay and lesbian rights: Expanding the scope of conflict. ." *Journal of Politics*, 1996.

Jäger, Warun. *Demokratiemessverfahren: Inwieweit sind Verfahren der Demokratiemessung in der Lage die politische Realität zu erfassen?* Grin Verlag , 2013.

Jellinek, Georg. *Allgemeine Staatslehre*. 3. O. Häring, 1914.

Krämer, Michael. *Wie demokratisch ist die Europäische Union? Demokratiemessung in der suprationalen EU nach dem Kriterienkatalog des BTI*. VDM Verlag Dr. Müller, 2008.

—

Lauth, Hans - Joachim. *Demokratie und Demokratiemessung: Eine konzeptionelle Grundlegung für den interkulturellen Vergleich.* VS-Verlag, 2004.

Schulze, Martin. *Demokratiemessung und defekte Demokratie: Osteuropas Demokratien auf dem Prüfstand.* Tectum Verlag, 2010.

Tolbert, Caroline J., Rodney E. Hero. „Race/ethnicity and direct democracy: An analysis of California's illegal immigration initiative." *Journal of Politics*, 1996: 806–818.

—. „Dealing with diversity: Racial/ethnic context and social policy change." *Political Research Quarterly*, 2001: 571–604.

Toqueville, Alexis. *De la démocratie en Amerique.* 1835 .

Vatter, Adrian, und Deniz Danaci. „Mehrheitstyrannei durch Volksentscheide? Zum Spannungsverhältnis zwischen direkter Demokratie und Minderheitenschutz." *PVS - Politische Vierteljahresschrift*, 2010: 205-222.

Studie:

Friedrich-Ebert-Stiftung - Forum Politik und Gesellschaft (Juni 2011): Sozialwissenschaftliche Studie: *„Sprichst du Politik?"*. http://www.sprichst-du-politik.de/downloads/sprichst-du-politik_Studie.pdf (27.01.2017)